2サイズの丸型で焼ける
しっとりケーキと
ふんわりケーキ

稲田多佳子

日東書院

はじめに

曲線のみで作られる形、「丸」や「円」が与える印象には、
穏やかさ、かわいらしさ、安全、調和、包容など
だれもがほっとするような温かな要素があるとされています。
そう、丸型で焼くお菓子はとてもピースフル。
放射状に切り分ければどの一切れも平等になるといううれしい安心感は、
出っ張りや特別な装飾のないプレーンな丸い形だからこその利点だと思います。
使う丸型のサイズが変わっても、
焼き上がったお菓子の持つやさしい雰囲気とよさは変わりません。

そこで、食べる人数や贈りたいイメージに合わせて
直径15㎝で大きく1台、ちょっと小ぶりな直径12㎝で2台、

分量を1/2にして直径12cmを1台焼くなど、
「1つのレシピを2倍以上に楽しんでみませんか？」というご提案です。
大きく焼いても小さく焼いても同じおいしさで、
シンプルな手順で作れるケーキのレシピをたくさん集めてみました。

一昔前までは、専門店や大型店に行かないとなかなか手に入れにくかった
お菓子の道具や型が、通信販売などでも気軽に入手できるようになりました。
また昨今では100円ショップにもさまざまな商品が並んでいます。
まずは、15cmの丸型を1つ、12cmの丸型を2つのレシピからスタートして、
お菓子を作ること、食べること、贈ることの喜びを
感じていただけたら幸いです。

稲田多佳子

もくじ

Chapter.1　ぐるぐる混ぜて作る しっとりケーキ

Chapter.2 メレンゲで作る *ふんわりケーキ*

レシピの決まり

● 本書のレシピはすべて100円ショップで購入した5号と4号の型を使用しています。内径の詳細はP.6に記載してますが、内径が多少異なる他メーカーのものや、お手持ちの型を使用していただいても、レシピの分量は変わりません。

● 塩の分量で、少々は親指と人さし指の2本の指先でつまんだ量です。

● 電子レンジは出力600Wのものを使用しています。

● オーブンはガスオーブンを使用しています。機種や熱源によって焼き時間に違いがでるので、様子を見ながら加減してください。

本書で紹介するケーキの特徴

３つの大きな特徴をご紹介します。

1 直径15㎝（5号）の型１台分の分量で、直径12㎝（4号）の型２台分が作れます。

目的やその日の気分で焼き分けることができます。
どちらの型を使っても、分量と作り方は一緒です。

15㎝サイズの型
一般的なレシピで多く使われているサイズです。

大人数で切り分けていただくのにちょうどよいサイズです。

大きめで存在感たっぷりに仕上がるので、特別な日のケーキにもピッタリです。

焼き上がったケーキを取り出しやすいよう、直径15㎝、直径12㎝ともに、底がはずれるタイプのものがおすすめです。

食べきりやすいので少量を楽しみたいときに。15㎝型より短時間で焼き上がります。

12㎝サイズの型
2～4人でいただくのによい小ぶりなサイズです。

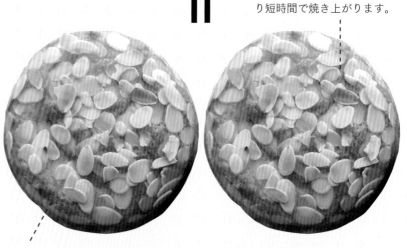

2台いっぺんに焼いて、1台を自宅用に、1台をプレゼントにしても。自宅用を切って焼き上がりを中の状態まで確かめられるので安心です。

※12㎝型1台だけ焼く場合は、材料を1/2にし、12㎝2台の設定温度と焼き時間を参考に様子を見ながら焼いてください。

2 しっとりタイプとふんわりタイプ、2種類の生地が作れます。

しっとりタイプはボウルの中でぐるぐると混ぜていくだけ、
ふんわりタイプはメレンゲを作ってから、
そこに材料を加えて混ぜていきます。
どちらも1つのボウルで生地ができ上がります。

焼き上がりの目安

上のひび割れた部分が乾き、焼き色が入るくらい。中央に竹ぐしをさしてみて、生の生地がついてこなければOKです。

しっとりタイプ

ササッとできるので普段のおやつにピッタリ。油脂は植物油を使います。マフィンに近いカジュアルな食感。

プレーンは、上面が大きくひび割れし、中心がふっくら盛り上がった形となります。ヨーグルトと植物油の効果で、コクがありながらもあっさり。具となる材料の味わいもよく引き立ちます。

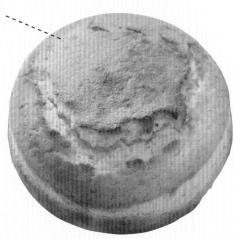

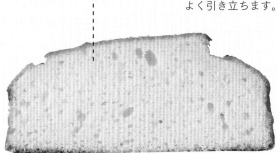

ふんわりタイプ

ほどよく空気を含んだメレンゲならではの生地。キメ細かく、上品な口当たりです。油脂はバターを使います。

プレーンは、上面の中心あたりから少しひび割れし、冷めると盛り上がりが落ち着いてきます。バターが風味豊かに香り、このままで食べてもおいしいです。

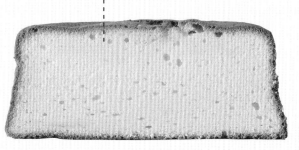

3 紙の敷き方のパターンで、
2つの表情のケーキが楽しめます。

型より大きくカットした紙をざっくり敷きこむパターンと、
底と側面に分けてきちんと敷き込むパターンをご紹介します。
目的やお好みに合わせて使い分けてみてください。

ざっくりパターン

ラフなかわいらしさを出すならこ
の敷き方がおすすめ。紙を付けた
ままプレゼントにしても◎。

きちんとパターン

切り込みを入れるなど少し手間は
かかりますが、ケーキの側面がス
ッときれいな見た目になります。

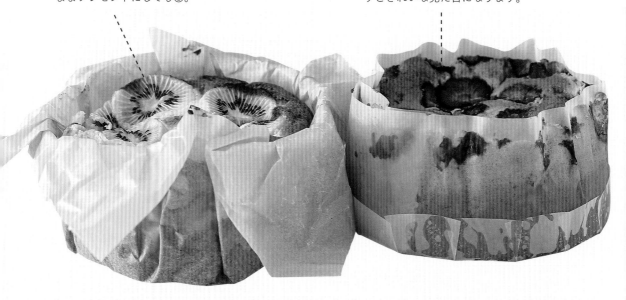

手間がかからない敷き方なので、毎日のおやつな
らこれで十分。焼き上がったら紙ごとケーキを引
き上げるだけ。型から取り出すのも楽ちんです。

きちんとパターンは、底がはずれる型を使用
すると焼き上がりをスムーズに取り出すこと
ができます。方法は、P.9ご覧ください。

紙はオーブンペーパーを使います。

ざっくりパターン の敷き方

1
型のサイズよりも大きく紙をカットします。

※直径15cm型の場合、約30cm角、直径12cmの場合、約25cm角。

2
紙をくしゃくしゃっと丸めて柔軟性を持たせます。

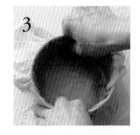
3
紙を型に入れ、指で側面にきっちり沿わせます。

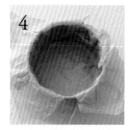
4
でき上がり。ここに生地を入れて焼きます。

きちんとパターン の敷き方

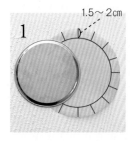
1
1.5〜2cm
底よりもひとまわり大きく紙をカットします。紙の裏側になるほうに、底の直径にそってえんぴつなどでガイドラインを入れ（赤線）、ハサミで切り込みを入れます（青線）。

2
切り込み部分を折り上げます（生地にえんぴつが触れないように、ガイドラインが裏になっているか確認）。

3
側面の紙は型の高さより1〜2cm立ち上がりをつけ、1周分＋少し重なる長さにカットします。

4
まず底用の紙を型にセットします。

5
次に側面用の紙を、底用の紙の折り上げた切り込みの内側に来るようにセットします。

焼き上がったら

1
湯呑み茶わんや缶など
湯呑み茶わんや缶など円筒形のものの上に型ごとのせ、側面の型を引き下げます。

2
側面がはずれました。

3
底の紙の折り上げたところをつまんで、紙と底板の間にすきまを作り、サーバーやナイフを入れてはずします。

基本の道具

気に入った道具を揃えることも
お菓子作りの楽しみのひとつ。
自分にとっての使い心地を
重視し、作業が快適になる
道具を選んでください。

ボウル

軽すぎず重すぎずのしっかりとしたステンレス製が扱いやすくてお手入れもラク。直径20cm程度、深さのあるものがおすすめです。

スケール

まず材料を正確に量ることがおいしい焼き上がりへの第一歩。1g単位で簡単に計量できるデジタルのものが断然便利です。

ハンドミキサー

ふんわりケーキでは、卵白を泡立てるのでぜひ持っていてほしいアイテム。本書ではクイジナート社のサイレントパワーハンドミキサーを使用しました。

粉ふるい・ざる

ハンドルを握ってふるうタイプを愛用しています。ザルでももちろんOK。その場合、丸穴の開いたパンチングではなく、ステンレスの網目になっているものを。

泡立て器

持ち手部分が手になじむ握りやすいもので、ワイヤーの作りが丈夫だと混ぜる作業が安定します。全長25〜27cm程度が本書で使うボウルにちょうどよいサイズ。

ゴムベラ

耐熱のシリコン樹脂製で、ヘラ部分に適度な「しなり」のあるものを。ヘラと持ち手が一体になっていると、継ぎ目に汚れが入り込まず衛生的です。

計量スプーン

大さじは15㎖、小さじは5㎖です。しっとりタイプのケーキではベーキングパウダー小さじ1が必ず出てきますが、デジタルスケールで4〜5gを計量してもかまいません。

基本の材料

生地のベースとなる大切な材料です。
よいもの＝高価なものではなく、
入手しやすく、安全で、
何より自分の口に合うものを
チョイスしてください。

薄力粉

ふわっと軽い口当たりに仕上がる「特
宝笠」を使いました。入手しやすい
「バイオレット」も扱いやすいです。

砂糖

すっきりとした甘さのグラニュー糖
を主に使用。製菓用の細かなものは
溶けやすくて特におすすめです。

ベーキングパウダー

生地を膨らませたり食感を軽くした
りするために使います。古くなると
効果が出にくくなるので注意して。

卵

Lサイズを使用。1個の重量は正味
60g。内訳は卵黄20g、卵白40gで
す。

植物油

太白胡麻油、米油など、味や香りに
クセのないものなら何でも大丈夫で
す。

バター

塩気の強い有塩バターは本書のお菓
子には向いていません。食塩不使用
バターを使いましょう。

ヨーグルト

砂糖不使用のプレーンタイプを使用
します。ふんわり感とコクを生地に
与えてくれます。

牛乳

低脂肪乳や無脂肪乳などではなく、
成分無調整のごく一般的な牛乳を使
用します。

はちみつ

しっとりとやわらかな生地感を保っ
てくれ、甘さにもナチュラルな風味
が加わります。

Chapter.1
ぐるぐる混ぜて作る
しっとりケーキ

ボウルに粉類を入れたら液体材料を加えてぐるぐる混ぜるだけで、しっとりほろりとした食感のおいしいケーキが焼き上がります。油脂には扱いやすい植物油を用い、思い立ったらいつでも気軽に作り始められるレシピにしました。がんばらなくても大丈夫な24のバリエーションの中から、お気に入りを見つけてくださいね。

基本のプレーン

plane cake

材料（直径15cmの丸型1台分、直径12cmの丸型2台分）

A ┌ 薄力粉 … 120g
  │ グラニュー糖 … 75g
  └ ベーキングパウダー … 小さじ1

B ┌ 植物油 … 75g
  │ 卵 … 1個
  └ ヨーグルト … 80g

下準備

・卵は室温に戻す。
・型にオーブンペーパーを敷く。
・オーブンを180℃に温める。

作り方

ボウルにAを入れる（薄力粉はふるい入れる）。

泡立て器でよく混ぜて粉類を均一にし、中央にくぼみを作る。

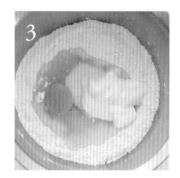

くぼみにBを入れる。

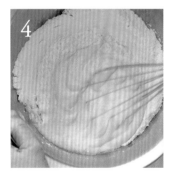

まず、中央で卵を溶きながら液体材料をぐるぐると混ぜる。→まわりの粉類へと徐々に混ぜ進め、全体をなめらかに混ぜる。

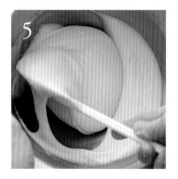

混ぜ残しがないよう、最後にゴムベラで底から混ぜ返す。

型に入れ、菜箸をくるくるっと回すか、ゴムベラで表面をさっとならし、180℃のオーブンで焼く。

＊15cm型1台…30〜35分、12cm型2台…25分ほど

15㎝

12㎝

使う材料の個性や味わいがよくわかる、とて
もシンプルなケーキです。ベーキングパウダ
ーで膨らませるため難しいテクニックいらず
でふっくら。この生地の特徴的な水分である
ヨーグルトは水切りせずに使います。

ジャムマーブルのケーキ

jam marble cake

ブルーベリージャムマーブル

材料（直径15cmの丸型1台分、直径12cmの丸型2台分）

A ┌ 薄力粉 … 120g
　├ グラニュー糖 … 75g
　└ ベーキングパウダー … 小さじ1

B ┌ 植物油 … 75g
　├ 卵 … 1個
　└ ヨーグルト … 70g

ブルーベリージャム … 80g

下準備

- 卵は室温に戻す。
- 型にオーブンペーパーを敷く。
- オーブンを180℃に温める。

作り方

1 ボウルにAを入れる（薄力粉はふるい入れる）。

2 泡立て器でよく混ぜ、中央にくぼみを作る。

3 くぼみにBを入れる。

4 中央で卵を溶きながらぐるぐると混ぜる。→まわりの粉類へと徐々に混ぜ進め、全体をなめらかに混ぜる。

5 混ぜ残しがないよう、最後にゴムベラで底から混ぜ返す。

6 型に入れ、ブルーベリージャムをところどころに落とし、菜箸やスプーンなどで大きく混ぜ返してマーブル模様を作る（point）。180℃のオーブンで焼く。

　＊15cm型1台…45分ほど、12cm型2台…30〜35分

point

ジャムはスプーンでランダムに落とす。

状態を見ながら軽く大きく混ぜる。混ぜすぎないのがコツ。

オレンジマーマレードジャムマーブル

ブルーベリージャム80gをオレンジマーマレードに置き換え、同様にして作る。

ジャムはどんなジャムでもOK。ブルーベリーのように濃い色味だとビビットに、オレンジマーマレードのように淡い色味なら優しげな断面の様子を楽しめます。冷蔵庫に少しずつ残ったジャムがいくつかあれば、ミックスマーブルにしてもおもしろいですよ。

15cm

12cm

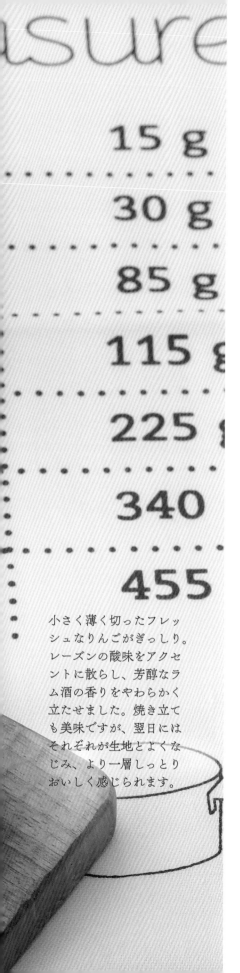

りんごのケーキ

apple cake

材料（直径15cmの丸型1台分、
　　　直径12cmの丸型2台分）

A
- 薄力粉 … 120g
- グラニュー糖 … 80g
- ベーキングパウダー … 小さじ1

B
- 植物油 … 75g
- 卵 … 1個
- ヨーグルト … 50g

C
- りんご … 1個
- レーズン … 40g
- ラム酒 … 20g

下準備

・卵は室温に戻す。
・りんごは皮と芯を除いて3〜5mm厚さのいちょう切りにし、レーズン、ラム酒と合わせて30分ほど置く。

・型にオーブンペーパーを敷く。
・オーブンを180℃に温める。

作り方

1　ボウルにAを入れる（薄力粉はふるい入れる）。

2　泡立て器でよく混ぜ、中央にくぼみを作る。

3　くぼみにBを入れる。

4　中央で卵を溶きながらぐるぐると混ぜる。→まわりの粉類へと徐々に混ぜ進める。

5　半分くらい混ざったらCを加え、ゴムベラでさっくりと混ぜる。

6　型に入れて表面をさっとならし、180℃のオーブンで焼く。
　　＊15cm型1台…45分ほど、12cm型2台…35分ほど

小さく薄く切ったフレッシュなりんごがぎっしり。レーズンの酸味をアクセントに散らし、芳醇なラム酒の香りをやわらかく立たせました。焼き立ても美味ですが、翌日にはそれぞれが生地とよくなじみ、より一層しっとりおいしく感じられます。

焼きいものケーキ
baked potato cake

材料（直径15cmの丸型1台分、直径12cmの丸型2台分）

A
- 薄力粉 … 120g
- グラニュー糖 … 75g
- ベーキングパウダー … 小さじ1

B
- 植物油 … 75g
- 卵 … 1個
- ヨーグルト … 80g

さつまいも … 1本（正味約200g）
黒いり胡麻 … 適量

下準備

・卵は室温に戻す。
・型にオーブンペーパーを敷く。
・さつまいもは洗って水気を拭かずにアルミホイルで包み、160℃のオーブンで60分ほど焼く（予熱なしでOK）。中心に竹串がスッと通るくらいやわらかくなれば、オーブンから出して粗熱を取り、皮を除く。市販の焼きいもを利用しても便利。

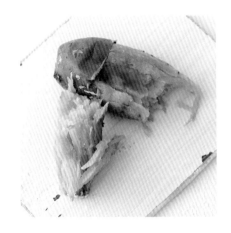

作り方

1 ボウルにAを入れる（薄力粉はふるい入れる）。

2 泡立て器でよく混ぜ、中央にくぼみを作る。

3 くぼみにBを入れる。

4 中央で卵を溶きながらぐるぐると混ぜる。

5 まわりの粉類へと徐々に混ぜ進め、全体をなめらかに混ぜる。混ぜ残しがないよう、最後にゴムベラで底から混ぜ返す。

6 型に入れてさっとならしたら、さつまいもを手でちぎって埋めるようにして散らし（）、黒いり胡麻をふる。180℃のオーブンで焼く。

＊15cm型1台…45分ほど、12cm型2台…30〜35分

point

さつまいもが多いように見えるが、焼くとケーキ生地が膨らむのでちょうどよくなる。

さつまいもはアルミホイルで包み、ゆっくりじっくりオーブンで加熱して甘い焼きいもに。皮までやわらかく焼き上がるから、皮はむかずにそのまま使ってもいいですね。ねっとりとなめらかなシルクスイートや紅はるかで作るのが気に入っています。

15㎝

はちみつバナナのケーキ
honey banana cake

材料（直径15cmの丸型1台分、
　　　直径12cmの丸型2台分）

A ┌ 薄力粉 … 120g
　│ グラニュー糖 … 70g
　└ ベーキングパウダー … 小さじ1

B ┌ 植物油 … 75g
　│ 卵 … 1個
　└ ヨーグルト … 60g

バナナ … 1本（正味120～130g）
はちみつ … 25g

下準備

・卵は室温に戻す。
・バナナは皮をむき、
　小さな角切りにする。

・型にオーブンペーパーを敷く。
・オーブンを180℃に温める。

作り方

1　ボウルにAを入れて（薄力粉はふるい入れる）泡立て器でよく混ぜ、中央にくぼみを作る。

2　くぼみにBを入れ、中央で卵を溶きながらぐるぐると混ぜる。→まわりの粉類へと徐々に混ぜ進める。

3　半分くらい混ざったらバナナを加え、ゴムベラでさっくりと混ぜる。

4　型に入れ、はちみつを表面に回しかけ、菜箸で大きく混ぜて軽くなじませる。180℃のオーブンで焼く。

　　＊15cm型1台…40～45分、12cm型2台…30～35分

チョコレートとバナナのココアケーキ
chocolate and banana cocoa cake

材料（直径15cmの丸型1台分、
　　　直径12cmの丸型2台分）

A ┌ 薄力粉 … 105g
　│ ココアパウダー … 15g
　│ グラニュー糖 … 75g
　└ ベーキングパウダー … 小さじ1

B ┌ 植物油 … 75g
　│ 卵 … 1個
　└ ヨーグルト … 70g

バナナ … 1本（正味120～130g）
板チョコレート … 1枚（50g）

下準備

・卵は室温に戻す。
・バナナは皮をむき、
　薄い輪切りにする。

・型にオーブンペーパーを敷く。
・オーブンを180℃に温める。

作り方

1　ボウルにAを入れて（薄力粉とココアパウダーは合わせてふるい入れる）泡立て器でよく混ぜ、中央にくぼみを作る。

2　くぼみにBを入れ、中央で卵を溶きながら材料をぐるぐると混ぜる。→まわりの粉類へと徐々に混ぜ進める。

3　半分くらい混ざったらバナナを加え、ゴムベラでさっくりと混ぜる。

4　型に入れて表面をさっとならし、板チョコレートを手で割って散らす。180℃のオーブンで焼く。

　　＊15cm型1台…40～45分、12cm型2台…30～35分

バナナはつぶさず角切りにして使用します。生地をバナナ味に染めるのではなく具として味わうバナナケーキです。はちみつも最後に回しかけてあっさり軽く混ぜる程度にとどめ、甘さに立体感を出しました。

15cm

チョコレートとバナナの相性は言わずもがな。薄切りにしたバナナをココア生地にざっくり合わせます。トッピングの板チョコレートはミルクチョコなら甘やかに、ビターチョコならキリッと大人好みのバランスに。

12cm

こちらは前ページのバナナ
ケーキとは違ったタイプ。
ボウルの中でバナナをつぶ
しながら生地に混ぜ込みま
す。バナナは完熟のものが
つぶしやすく、濃密な味わ
いのケーキになります。ま
だ固さの残るバナナの場合
は電子レンジに少しかける
とよいでしょう。

15cm

バナナケーキ

banana cake

材料（直径15cmの丸型1台分、
　　　直径12cmの丸型2台分）

A［
薄力粉 … 100g
アーモンドパウダー … 30g
グラニュー糖 … 75g
ベーキングパウダー … 小さじ1
］

B［
植物油 … 75g
卵 … 1個
ヨーグルト … 40g
］

バナナ … 1本（正味120〜130g）
ブルーポピーシード … 適量（あれば）

下準備

・卵は室温に戻す。
・型にオーブンペーパーを敷く。
・オーブンを180℃に温める。

作り方

1 ボウルにAを入れる（薄力粉はふるい入れる）。

2 泡立て器でよく混ぜ、中央にくぼみを作る。

3 くぼみにBとバナナ（手でちぎって）を入れる。

4 中央で卵とバナナをつぶしながら混ぜる。→まわりの粉類へと徐々に混ぜ進め、全体をなめらかに混ぜる。

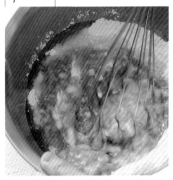

point

卵を溶き混ぜながらバナナも一緒に混ぜる。

5 混ぜ残しがないよう、最後にゴムベラで底から混ぜ返す。

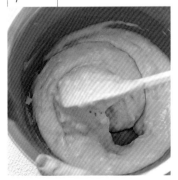

point

底に粉類が少し残っていることがあるので気をつけて。

6 型に入れてさっとならし、ブルーポピーシードを散らす。180℃のオーブンで焼く。

＊15cm型1台…40分ほど、12cm型2台…30分ほど

ブルーベリーとチョコクッキーのケーキ

blueberry and chocolate cookie cake

材料（直径15cmの丸型1台分、直径12cmの丸型2台分）

A
- 薄力粉 … 120g
- グラニュー糖 … 80g
- ベーキングパウダー … 小さじ1

B
- 植物油 … 75g
- 卵 … 1個
- ヨーグルト … 85g

ブルーベリー（冷凍）… 80g
バニラサンドのチョコクッキー
（ここでは「ノアール」を使用）
… 9枚

ブルーベリーはフレッシュでも可。チョコクッキーはお好みのものを。

作り方

1 ボウルにAを入れる（薄力粉はふるい入れる）。

2 泡立て器でよく混ぜ、中央にくぼみを作る。

3 くぼみにBを入れる。

4 中央で卵を溶きながらぐるぐると混ぜる。→まわりの粉類へと徐々に混ぜ進め、全体をなめらかに混ぜる。

5 混ぜ残しがないよう、最後にゴムベラで底から混ぜ返す。

6 型に入れてさっとならし、チョコクッキーの2/3量をざっと手で割りながら生地に差し込む（[point]）。ブルーベリー（凍ったまま）と残りのチョコクッキーをざっと手で割って散らし（[point]）、180℃のオーブンで焼く。

＊15cm型1台…50分ほど、12cm型2台…40分ほど

point

最初の2/3量のチョコクッキーは生地の奥まで差し込む。

下準備

・卵は室温に戻す。
・型にオーブンペーパーを敷く。
・オーブンを180℃に温める。

表面に、ブルーベリーとチョコクッキーの残りを割ってのせる。

15cm

バニラクリームがサンドされたビターなチョコクッキーをトッピングに使う手法はポピュラーですが、フルーツを合わせることで見た目も味の印象もガラリと変わります。ここではほのかな酸味を持つ深い紫色のブルーベリーでジャンクなイメージのお菓子にエレガントをひとさじプラス。

12cm

12cm

グレープフルーツは
汁気をきちんと切っ
て使うのがポイント。
少し大変ですが、ナ
イフで実を切り出さ
ずに手で薄皮をむく
と果汁が出にくくな
ります。紅茶の葉は
柑橘のベルガモット
が着香されたアール
グレイがおすすめ。
焼いても香りがしっ
かりと残ります。

紅茶とグレープフルーツのケーキ
tea and grapefruit cake

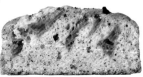

材料（直径15cmの丸型1台分、
　　　直径12cmの丸型2台分）

A
- 薄力粉 … 120g
- グラニュー糖 … 80g
- ベーキングパウダー … 小さじ1
- 紅茶の葉（ティーバッグ）… 2袋（4g）

B
- 植物油 … 75g
- 卵 … 1個
- ヨーグルト … 60g

グレープフルーツ … 1個

下準備

・卵は室温に戻す。
・グレープフルーツは、厚い皮をむいたら薄皮と実の間にナイフを入れる。そのままはがすようにして実を取り出し、キッチンペーパーに取る。

≫

・型にオーブンペーパーを敷く。
・オーブンを180℃に温める。

作り方

1　ボウルにＡを入れる（薄力粉はふるい入れる）。

2　泡立て器でよく混ぜ、中央にくぼみを作る。

3　くぼみにＢを入れる。

4　中央で卵を溶きながらぐるぐると混ぜる。→まわりの粉類へと徐々に混ぜ進め、全体をなめらかに混ぜる。

5　混ぜ残しがないよう、最後にゴムベラで底から混ぜ返す。

6　型に入れてさっとならし、グレープフルーツを差し込む（ point ）。180℃のオーブンで焼く。

＊15cm型1台…50分ほど、12cm型2台…35分ほど

point

グレープフルーツは実の大きさに応じて、ひと房を手で2〜3つに割るとよい。

チェダーチーズのケーキ

cheddar cheese cake

材料（直径15cmの丸型1台分、直径12cmの丸型2台分）

A
- 薄力粉 … 120g
- グラニュー糖 … 70g
- ベーキングパウダー … 小さじ1
- 粉チーズ … 30g

B
- 植物油 … 70g
- 卵 … 1個
- ヨーグルト … 80g

チェダースライスチーズ … 4枚（約65g）

粉チーズ（トッピング用）、黒胡椒 … 各適量

下準備

- 卵は室温に戻す。
- 型にオーブンペーパーを敷く。
- オーブンを180℃に温める。

作り方

1 ボウルにAを入れる（薄力粉はふるい入れる）。

2 泡立て器でよく混ぜ、中央にくぼみを作る。

3 くぼみにBを入れる。

4 中央で卵を溶きながらぐるぐると混ぜる。→まわりの粉類へと徐々に混ぜ進め、全体をなめらかに混ぜる。

5 混ぜ残しがないよう、最後にゴムベラで底から混ぜ返す。

6 型に入れさっとならし、スライスチーズを手でちぎりながら差し込む（ *point* ）。トッピング用の粉チーズをふり、180℃のオーブンで焼く。好みで仕上げに黒胡椒をふる。

＊15cm型1台…30〜35分、12cm型2台…25分ほど

point

スライスチーズは適当な大きさにちぎり、タテやななめにして生地の奥まで差し込む。このあとにふるトッピング用の粉チーズは、たっぷりめがおいしい。

12cm

鮮やかな黄色が映えるチェダースライスチーズを差し込んで焼
いた、ちょっと甘じょっぱい味わいのケーキ。この手のお菓子
は好き嫌いがわかれそうですが、ハマるとクセになること請け
合いです。チェダーチーズに限らずお好みのチーズでどうぞ。

抹茶と黒豆のケーキ
Matcha and black bean cake

材料（直径15cmの丸型1台分、直径12cmの丸型2台分）

A ┌ 薄力粉 … 110g
  │ 抹茶パウダー … 8g
  │ グラニュー糖 … 80g
  └ ベーキングパウダー … 小さじ1

B ┌ 植物油 … 75g
  │ 卵 … 1個
  └ ヨーグルト … 80g

黒豆（市販の甘煮）… 100g

下準備

・卵は室温に戻す。
・黒豆は汁気を切り、キッチンペーパーに取る。
・型にオーブンペーパーを敷く。
・オーブンを180℃に温める。

作り方

1 ボウルにAを入れる（薄力粉と抹茶パウダーは合わせてふるい入れる）。

2 泡立て器でよく混ぜ、中央にくぼみを作る。

3 くぼみにBを入れる。

4 中央で卵を溶きながらぐるぐると混ぜる。→まわりの粉類へと徐々に混ぜ進め、全体をなめらかに混ぜる。

5 混ぜ残しがないよう、最後にゴムベラで底から混ぜ返す。

6 型に入れてさっとならす。黒豆を散らし、180℃のオーブンで焼く。

　＊15cm型1台…35〜40分、12cm型2台…25〜30分

15cm

抹茶の緑色が生きたほろ苦い生地にほっ
くりと甘い黒豆。はんなりとした和の組
み合わせです。抹茶は製菓用や料理用で
はなく点てておいしいものを。と言って
も、焼き菓子には高級なものは必要なく、
薄茶用で低めのランクから選ぶと味もコ
スパもよいと感じています。

香ばしい炒り胡麻入りの生地に、マーブル状に残るようゆで小豆をあっさりと混ぜ込みました。胡麻のぷちぷちとした食感もよいアクセント。ここでは白胡麻を使いましたが、黒胡麻にすると小さく散らばる胡麻の存在が浮き出てきます。

12㎝

12㎝

小豆と胡麻のケーキ
red bean and sesame cake

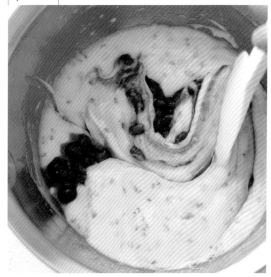

材料（直径15cmの丸型1台分、直径12cmの丸型2台分）

A
- 薄力粉 … 120g
- グラニュー糖 … 70g
- ベーキングパウダー … 小さじ1
- 塩 … 少々
- 炒り胡麻 … 15g

B
- 植物油 … 75g
- 卵 … 1個
- ヨーグルト … 80g

ゆで小豆（市販）… 150g

下準備

・卵は室温に戻す。
・型にオーブンペーパーを敷く。
・オーブンを180℃に温める。

作り方

1 ボウルにAを入れる（薄力粉はふるい入れる）。

2 泡立て器でよく混ぜ、中央にくぼみを作る。

3 くぼみにBを入れる。

4 中央で卵を溶きながらぐるぐると混ぜる。→まわりの粉類へと徐々に混ぜ進め、全体をなめらかに混ぜる。

5 ゆで小豆を加え、マーブル状に残るくらいにゴムベラでざっくり軽く混ぜる。

point

ゆで小豆を加え、ゴムベラでざっくりとひと混ぜ〜ふた混ぜする。ここではマーブルに残るように軽く混ぜたが、きれいに混ぜきってもかまわない。

6 型に入れさっとならし、180℃のオーブンで焼く。

＊15cm型1台…40〜45分、12cm型2台…30分ほど

栗のケーキ

chestnut cake

秋のおいしいお楽しみ、栗の渋皮煮をふんだんに配合した贅沢なケーキ。生地にはアーモンドパウダーを加え、よりしっとりとリッチで深い味わいにしています。焼き上がってすぐの表面に、ラム酒をハケでしみ込ませて仕上げてもいいですね。

材料（直径15cmの丸型1台分、直径12cmの丸型2台分）

A
- 薄力粉 … 80g
- アーモンドパウダー … 40g
- グラニュー糖 … 75g
- ベーキングパウダー … 小さじ1

B
- 植物油 … 75g
- 卵 … 1個
- ヨーグルト … 70g

栗の渋皮煮（市販）… 200g

下準備

・卵は室温に戻す。
・栗の渋皮煮は汁気を切り、手でざっと崩す。
・型にオーブンペーパーを敷く。
・オーブンを180℃に温める。

作り方

1 ボウルにAを入れる（薄力粉はふるい入れる）。

2 泡立て器でよく混ぜ、中央にくぼみを作る。

3 くぼみにBを入れる。

4 中央で卵を溶きながらぐるぐると混ぜる。→まわりの粉類へと徐々に混ぜ進める。

5 半分くらい混ざったら栗の渋皮煮を加え、ゴムベラで全体に混ぜる。

6 型に入れさっとならし、180℃のオーブンで焼く。

＊15cm型1台…40〜45分、12cm型2台…30分ほど

15 cm

カマンベールチーズと
いちごジャムのケーキ

camembert cheese & strawberry jam cake

材料（直径15cmの丸型1台分、直径12cmの丸型2台分）

- A
  - 薄力粉 … 120g
  - グラニュー糖 … 60g
  - ベーキングパウダー … 小さじ1
  - タイムの葉 … 2gほど
- B
  - 植物油 … 75g
  - 卵 … 1個
  - ヨーグルト … 80g
- カマンベールチーズ … 1個（100g）
- いちごジャム … 60g

下準備

- ・卵は室温に戻す。
- ・型にオーブンペーパーを敷く。
- ・オーブンを180℃に温める。

作り方

1 ボウルにAを入れる（薄力粉はふるい入れる）。

2 泡立て器でよく混ぜ、中央にくぼみを作る。

3 くぼみにBを入れる。

4 中央で卵を溶きながらぐるぐると混ぜる。→まわりの粉類へと徐々に混ぜ進め、全体をなめらかに混ぜる。

5 混ぜ残しがないよう、最後にゴムベラで底から混ぜ返す。

6 型に入れ、カマンベールチーズの1/2量、いちごジャム、残りのカマンベールチーズの順に散らす。180℃のオーブンで焼く。

　＊15cm型1台…40〜45分、12cm型2台…30〜35分

point

カマンベールの1/2量を小さくちぎって散らし入れ、その上あたりにいちごジャムを少量ずつ落とす。

さらに残りのカマンベールをちぎって散らす。

12cm

時々作るおつまみに、カマンベールチーズのフライにフルーツの
ジャムを添えるひと皿があります。これがなかなか好評で、「そ
れならば」とこんなお菓子にアレンジしてみました。さわやかな
タイムの代わりに黒胡椒でパンチを効かせてもおもしろいですよ。

ピーナッツバターのケーキ

peanut butter cake

材料（直径15cmの丸型１台分、直径12cmの丸型２台分）

A
- 薄力粉 … 120g
- きび砂糖 … 75g
- ベーキングパウダー … 小さじ1

B
- 植物油 … 70g
- 卵 … 1個
- ヨーグルト … 80g

ピーナッツバター … 100g
※ここでは粒ありタイプを使用
くるみ … 40g
きび砂糖 … 適量

下準備

- 卵とピーナッツバターは室温に戻す。
- くるみは粗く砕く。
- 型にオーブンペーパーを敷く。
- オーブンを180℃に温める。

作り方

1 ボウルにAを入れる（薄力粉はふるい入れる）。

2 泡立て器でよく混ぜ、中央にくぼみを作る。

3 くぼみにBを入れる。

4 中央で卵を溶きながらぐるぐると混ぜる。→まわりの粉類へと徐々に混ぜ進め、全体をなめらかに混ぜる。

5 ピーナッツバターを加え、マーブル状に残るくらいにゴムベラで軽く混ぜる。

point

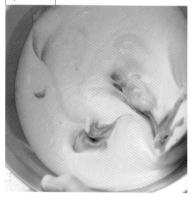

ピーナッツバターを切るようにゴムベラを大きく動かして、ざっくりと混ぜる。

6 型に入れて、菜箸で軽くならす。くるみを散らし、きび砂糖をふる。180℃のオーブンで焼く。

＊15cm型１台…40分ほど、12cm型２台…30分ほど

point

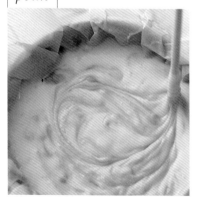

マーブル状に残るよう菜箸でぐるっと混ぜてならし、くるみを散らす。

ピーナッツバターをたっぷりと大きく混ぜ込み、表面にくるみを散らして焼き上げた、ナッティーなケーキです。こんな素朴なケーキには、きび砂糖やブラウンシュガーなどの自然な甘みがよく合います。ピーナッツバターは粒あり粒なしどちらでも。

アプリコットと並んで洋梨もアーモンドと相性抜群。こちらも缶詰の洋梨で簡単に。長期保存可能な買い置きできる缶詰のフルーツは、お菓子作りでは頼れる材料です。皮をむいたり火を通したりなどの下準備なしで、パカッと缶を開けたらすぐに使えるところ、ありがたいなと思います。

15cm

温かなオレンジの色味がかわいい、甘酸っぱいアプリコットのケーキ。生地の中にはアーモンドパウダー、表面にはスライスアーモンド、ダブル使いでアーモンドを豊かに感じられるレシピです。缶詰のアプリコットを使って気軽に作りましょう。

12cm

洋梨とアーモンドのケーキ

pear and almond cake

材料（直径15cmの丸型1台分、
　　　直径12cmの丸型2台分）

A
- 薄力粉 … 100g
- アーモンドパウダー … 30g
- グラニュー糖 … 80g
- ベーキングパウダー … 小さじ1

B
- 植物油 … 75g
- 卵 … 1個
- ヨーグルト … 65g

洋梨（缶詰）… 半割りのもの2〜3個
スライスアーモンド … 適量

下準備

・卵は室温に戻す。
・洋梨は汁気をしっかりとふき、5mm〜1cm厚さに
　スライスしてキッチンペーパーに取る。
・型にオーブンペーパーを敷く。
・オーブンを180℃に温める。

作り方

1 ボウルにAを入れて（薄力粉はふるい入れる）泡立て器でよく混ぜ、中央にくぼみを作る。

2 くぼみにBを入れ、中央で卵を溶きながらぐるぐると混ぜる。→まわりの粉類へと徐々に混ぜ進め、全体をなめらかに混ぜる。混ぜ残しがないよう、最後にゴムベラで底から混ぜ返す。

3 型に入れさっとならす。洋梨をタテやナナメに差し込み、スライスアーモンドを散らす。180℃のオーブンで焼く。

　　＊15cm型1台…40〜45分、12cm型2台…30〜35分

アプリコットとアーモンドのケーキ

apricot and almond cake

材料（直径15cmの丸型1台分、
　　　直径12cmの丸型2台分）

A
- 薄力粉 … 100g
- アーモンドパウダー … 30g
- グラニュー糖 … 80g
- ベーキングパウダー … 小さじ1

B
- 植物油 … 75g
- 卵 … 1個
- ヨーグルト … 65g

アプリコット（缶詰）
　… 半割りのもの6個
スライスアーモンド … 適量

下準備

・卵は室温に戻す。
・アプリコットは汁気をしっかりとふき、
　細かく刻んでキッチンペーパーに取る。
・型にオーブンペーパーを敷く。
・オーブンを180℃に温める。

作り方

1 ボウルにAを入れて（薄力粉はふるい入れる）泡立て器でよく混ぜ、中央にくぼみを作る。

2 くぼみにBを入れ、中央で卵を溶きながらぐるぐると混ぜる。→まわりの粉類へと徐々に混ぜ進める。半分くらい混ざったらアプリコットを加え、ゴムベラでさっくりと混ぜる。

3 型に入れ、表面をさっとならす。スライスアーモンドを散らし、180℃のオーブンで焼く。

　　＊15cm型1台…40〜45分、12cm型2台…30〜35分

ミックスベリーと
クランブルのケーキ

mixed berries & crumble cake

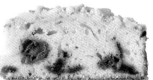

材料（直径15cmの丸型1台分、直径12cmの丸型2台分）

A [薄力粉 … 120g
　 グラニュー糖 … 80g
　 ベーキングパウダー … 小さじ1]

B [植物油 … 75g
　 卵 … 1個
　 ヨーグルト … 65g]

冷凍ミックスベリー … 100g

C [薄力粉 … 40g
　 アーモンドパウダー … 15g
　 グラニュー糖 … 15g
　 塩 … 少々]

植物油 … 15g

下準備

・卵は室温に戻す。
・型にオーブンペーパーを敷く。
・オーブンを180℃に温める。

作り方

1 クランブルを作り（下記参照）、皿などに移す。

2 1のボウルにAを入れる（ボウルは洗わなくてよい・薄力粉はふるい入れる）。

3 泡立て器でよく混ぜ、中央にくぼみを作る。

4 くぼみにBを入れ、中央で卵を溶きながらぐるぐると混ぜる。→まわりの粉類へと徐々に混ぜ進め、全体をなめらかに混ぜる。

5 混ぜ残しがないよう、最後にゴムベラで底から混ぜ返す。

6 型に入れさっとならし、ミックスベリー（凍ったまま）とクランブルを散らす（クランブルが大きく固まっていたら手でほぐす）。表面を手で軽く落ちつかせ、180℃のオーブンで焼く。

　＊15cm型1台…45〜50分、12cm型2台…40分ほど

クランブルの作り方

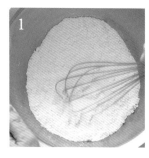

ボウルにCを入れて泡立て器かフォークでよく混ぜる。

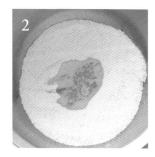

植物油を加える。

フォークでよく混ぜて、ぼろぼろのそぼろ状にする。

12㎝

12㎝

MADE IN VERMONT

酸味あふれるベリーの果汁がじゅわっとしみた生地に、軽快なサクサク食感が楽しめるクランブルをのせて。クランブルをのせたケーキは食感が続くよう冷蔵庫で保存を。当日〜翌日が食べごろです。

45

パイナップルと
黒糖クランブルのケーキ

pineapple & brown sugar crumble cake

材料（直径15cmの丸型１台分、
　　　直径12cmの丸型２台分）

A
- 薄力粉 … 120g
- きび砂糖 … 40g
- 黒糖（粉末）… 40g
- ベーキングパウダー … 小さじ１

B
- 植物油 … 75g
- 卵 … １個
- ヨーグルト … 65g

パイナップル … 150g

黒糖クランブル

C
- 薄力粉 … 40g
- アーモンドパウダー … 20g
- 黒糖（粉末）… 20g
- 塩 … 少々

植物油 … 20g

下準備

- 卵は室温に戻す。
- 型にオーブンペーパーを敷く。
- パイナップルはひと口大に切り、
  キッチンペーパーに取る。
- オーブンを180℃に温める。

作り方

1 黒糖クランブルを作る。ボウルにCを入れて泡立て器かフォークでよく混ぜる。植物油を加え、フォークでよく混ぜてそぼろ状にし、皿などに移す。

◎クランブルの作り方
→P.44

2 1のボウルにAを入れる（ボウルは洗わなくてよい・薄力粉はふるい入れる）。

3 泡立て器でよく混ぜ、中央にくぼみを作る。

4 くぼみにBを入れ、中央で卵を溶きながらぐるぐると混ぜる。→まわりの粉類へと徐々に混ぜ進め、全体をなめらかに混ぜる。

5 混ぜ残しがないよう、最後にゴムベラで底から混ぜ返す。

6 型に入れさっとならし、パイナップルと黒糖クランブルを散らす（クランブルが大きく固まっていたら手でほぐす）。表面を手で軽く落ちつかせ、180℃のオーブンで焼く。

＊15cm型１台…45〜50分、12cm型２台…40分ほど

point

≫

パイナップルは生地の中に入れ込むようにしてのせる。

黒糖クランブルをまんべんなく散らす。

みずみずしいフレッシュパイナップルに独特の甘みを持つ黒砂糖を合わせた、南国気分が楽しめるケーキです。粉末に加工された黒糖でも小さな塊が時々見つかることがあるのですが、崩さずそのまま使ってください。あちらこちらにチラチラと溶け残り、よいアクセントになってくれます。

15cm

ガナッシュクリームは、チョコレートと生クリームを合わせて溶かして混ぜるだけ。シンプルなココアケーキの上に塗り広げ、チョコ感たっぷりに仕上げました。ケーキを横半分にスライスして泡立てた生クリームをはさめば、ちょっと特別感のあるお菓子になりますよ。

12㎝

チョコレートガナッシュをのせた ココアケーキ

topped with chocolate ganache cocoa cake

材料（直径15cmの丸型1台分、 直径12cmの丸型2台分）

A
- 薄力粉 … 75g
- ココアパウダー … 15g
- アーモンドパウダー … 30g
- グラニュー糖 … 80g
- ベーキングパウダー … 小さじ1
- 塩 … 少々

B
- 植物油 … 75g
- 卵 … 1個
- ヨーグルト … 80g

チョコレートガナッシュ
製菓用チョコレート … 60g
生クリーム … 30g

下準備

- 卵は室温に戻す。
- 製菓用チョコレートは細かく刻む。
- 型にオーブンペーパーを敷く。
- オーブンを180℃に温める。

作り方

1 ボウルにAを入れる（薄力粉とココアパウダーは合わせてふるい入れる）。

2 泡立て器でよく混ぜ、中央にくぼみを作る。

3 くぼみにBを入れ、中央で卵を溶きながらぐるぐると混ぜる。→まわりの粉類へと徐々に混ぜ進め、全体をなめらかに混ぜる。

4 混ぜ残しがないよう、最後にゴムベラで底から混ぜ返す。

5 型に入れてさっとならし、180℃のオーブンで焼く。ケーキクーラーに取って冷ます。

6 ケーキが冷めたらチョコレートガナッシュを作る。ボウルに製菓用チョコレートと生クリームを入れて電子レンジか湯煎にかけて、ゴムベラで混ぜながらなめらかに溶かし、ケーキの表面に塗り広げる。

＊15cm型1台…30〜35分、12cm型2台…25分ほど

小さなコイン状になっている製菓用チョコレートは、刻む手間なく、このまま使えて便利。ここではカカオ分55％程度のチョコレートを使用。

point

生クリームとチョコレートを電子レンジで溶かす際は、600Wで40秒ほどを目安に加熱しすぎないよう様子を見ながら。

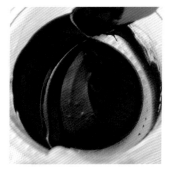

ゴムベラで混ぜて、なめらかな状態に。

コーヒーマーブルのケーキ、 マスカルポーネクリーム添え

coffee marble cake, with mascarpone cream

材料（直径15cmの丸型1台分、 直径12cmの丸型2台分）

A
- 薄力粉 … 90g
- アーモンドパウダー … 30g
- グラニュー糖 … 75g
- ベーキングパウダー … 小さじ1

B
- 植物油 … 75g
- 卵 … 1個
- ヨーグルト … 80g

インスタントコーヒー（粉末）… 6g

マスカルポーネクリーム
マスカルポーネチーズ … 120g
グラニュー糖 … 10g

下準備

・卵は室温に戻す。
・型にオーブンペーパーを敷く。
・オーブンを180℃に温める。

作り方

1 ボウルにAを入れ（薄力粉はふるい入れる）、泡立て器でよく混ぜ、中央にくぼみを作る。

2 くぼみにBを入れ、中央で卵を溶きながらぐるぐると混ぜる。
→まわりの粉類へと徐々に混ぜ進め、全体をなめらかに混ぜる。

3 混ぜ残しがないよう、最後にゴムベラで底から混ぜ返す。

4 約1/3量を別のボウルに取り、インスタントコーヒーを加えて混ぜ、コーヒー生地を作る。

> **point**

生地の約1/3量を別のボウルに取り、インスタントコーヒーを加える。

インスタントコーヒーの粒は、溶け残っていてもOK。

5 プレーンな生地とコーヒー生地を交互に型に入れ、菜箸で大きく軽く混ぜる。180℃のオーブンで焼く。

> **point**

プレーン生地とコーヒー生地約1/3ずつを交互に型に入れていく。

菜箸で大きく混ぜてマーブル模様を作る。

6 マスカルポーネクリームの材料をよく混ぜ、ケーキに添える。

＊15cm型1台…35分ほど、12cm型2台…25分ほど

15cm

ほんのり苦みを効かせたコーヒー風味のケーキに、こっくりとやや重めのマスカルポーネチーズを使ったクリームがよく合います。切った時の断面がいつも楽しみなマーブル模様のケーキ。くっきりとした模様を出すには混ぜすぎないことが大きなポイントです。

キャロットケーキ

carrot cake

材料（直径15cmの丸型1台分、直径12cmの丸型2台分）

A
- 薄力粉 … 90g
- アーモンドパウダー … 40g
- ブラウンシュガー … 75g
- ベーキングパウダー … 小さじ1
- シナモンパウダー … 小さじ1
- カルダモンパウダー … 小さじ1/2
- ナツメグパウダー … 少々
- くるみ … 50g
- 塩 … 少々

B
- 植物油 … 75g
- 卵 … 1個
- ヨーグルト … 40g

C
- にんじん … 120g
- レーズン … 40g

フロスティング

クリームチーズ … 100g
食塩不使用バター … 20g
粉砂糖 … 20g

下準備

- 卵は室温に戻す。
- にんじんは皮を剥き、スライサーなどでせん切りにする。

- くるみは160℃のオーブンで8分ほど空焼きして冷まし、粗く砕く。
- レーズンはザルに広げて熱湯を回しかけ、そのまま置いて冷ます。
- 型にオーブンペーパーを敷く。
- オーブンを180℃に温める。

作り方

1 ボウルにAを入れる（薄力粉はふるい入れる）。

2 泡立て器でよく混ぜ、中央にくぼみを作る。

3 くぼみにBを入れる。

4 中央で卵を溶きながらぐるぐると混ぜる。→まわりの粉類へと徐々に混ぜ進め、半分くらい混ざったらCを加え、ゴムベラに変えてさっくりと混ぜる。

5 型に入れて表面をならし、180℃のオーブンで焼く。
　＊15cm型1台…45分ほど、12cm型2台…30〜35分

6 ケーキが冷めたらフロスティングを作る。柔らかく戻したクリームチーズとバター、粉砂糖をなめらかに練り混ぜ、ケーキの表面に塗る（ point ）。

point

クリームチーズとバターは室温におくか、電子レンジで溶けないように加熱して、やわらかくしてから使う。

なめらかに混ざったら、冷めたケーキの表面にヘラやスプーンなどで塗り広げる。

15cm

にんじんは水分が出すぎないよう、すりおろさ
ずせん切りにして使うのが気に入っています。
せん切りスライサーが便利ですが、ない場合は
包丁でちょっとがんばってみて。コクのある甘
い香りとナチュラルな風味のブラウンシュガー
が、キャロットケーキの深い味わいを作り出し
ます。なければきび砂糖で代用を。

淡白でクセのないズッキーニは、お菓子にも無理なくなじんでくれる使いやすい素材。水分をたたえたズッキーニの効果でみずみずしくやわらかな生地になりました。スライスアーモンドの香ばしさと軽やかな歯触り、クリームチーズのほどよい酸味にレモンの香りも加わった、とても食べやすいベジタブルケーキです。

12cm

12cm

ズッキーニケーキ

zucchini cake

材料（直径15cmの丸型1台分、直径12cmの丸型2台分）

A
- 薄力粉 … 90g
- アーモンドパウダー … 40g
- グラニュー糖 … 80g
- ベーキングパウダー … 小さじ1
- 塩 … 少々

B
- 植物油 … 75g
- 卵 … 1個
- ヨーグルト … 50g

C
- ズッキーニ … 120g
- スライスアーモンド … 40g
- レモンの皮のすりおろし … 1個分

クリームチーズ … 80g

下準備

・卵は室温に戻す。
・ズッキーニは皮ごとスライサーなどでせん切りにし、水気をぎゅっとしぼる。

・クリームチーズは小さめの角切りにする(手でちぎってもよい)。
・スライスアーモンドは160℃のオーブンで8分ほど空焼きして冷ます。
・型にオーブンペーパーを敷く。
・オーブンを180℃に温める。

作り方

1 ボウルにAを入れる（薄力粉はふるい入れる）。

2 泡立て器でよく混ぜ、中央にくぼみを作る。

3 くぼみにBを入れる。

4 中央で卵を溶きながらぐるぐると混ぜる。→まわりの粉類へと徐々に混ぜ進め、半分くらい混ざったらCを加え、ゴムベラに変えてさっくりと混ぜる。

5 型に入れさっとならし、クリームチーズを埋めるようにして散らす。180℃のオーブンで焼く。

＊15cm型1台…45分ほど、12cm型2台…30〜35分

Chapter.2
メレンゲで作る
ふんわりケーキ

メレンゲを立てるケーキというと何だか大変そうなイメージですが、使うボウルは1つだけ。まず卵白をしっかり泡立て、そこにほかの材料をどんどん混ぜていけばOK。単純な手順ながらソフトで上質な生地になります。油脂には風味豊かなバターを用いました。クリームをのせたりはさんだりのケーキでは、バターに植物油を合わせて冷蔵庫に入れても固くなりすぎない工夫をしています。

基本のプレーン

plane cake

材料（直径15cmの丸型1台分、直径12cmの丸型2台分）

A
- 食塩不使用バター … 90g
- 牛乳 … 10g
- はちみつ … 10g

グラニュー糖 … 75g
卵白 … 2個分
卵黄 … 2個分
薄力粉 … 90g

下準備

- 型にオーブンペーパーを敷く。
- Aは合わせて電子レンジか湯煎にかけて溶かし、保温しておく（ボウルの底を湯に当てるなど）。
- オーブンを170℃に温める。

作り方

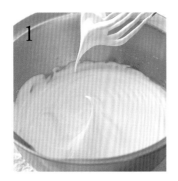

1 ボウルに卵白を入れ、グラニュー糖を3回に分けて加えながらハンドミキサーの高速で泡立てる。引き上げるとツノがスッと立ちその先端が少しおじぎするくらいのつややかな状態になれば、低速にしてきめを整える。

2 卵黄を加え、ハンドミキサーの羽根か泡立て器で手早く均一に混ぜる。

＊羽根はハンドミキサーからはずして使う。

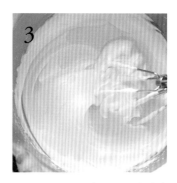

3 Aを3回に分けて加え、その都度底からすくい上げるようにして手早く混ぜる。

4 薄力粉をふるい入れ、ゴムベラで底からすくい返すようにして手早くムラなく混ぜる。

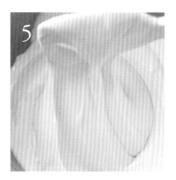

5 ふんわりとなめらかで、ツヤのある状態が理想的な混ぜ終わり。

6 型に入れ、菜箸をくるくるっと回すか、ゴムベラで表面をならし、170℃のオーブンで焼く。

＊15cm型1台…40分ほど、12cm型2台…25〜30分

15㎝

12㎝

これだけで食べてもおいしい、やさしく穏やかな口当
たりのケーキです。ふんわり感の大きな決め手となる
メレンゲは、卵白は使う直前まで冷やしておくことで
きめ細かく泡立ちます。粉類を加えたらツヤよく混ぜ
ますが、膨らみに不安のある方は薄力粉と一緒にベー
キングパウダーを小さじ1/8ほど加えてみても。

ほうじ茶のケーキ／紅茶のケーキ

hojicha cake / black tea cake

ほうじ茶のケーキ

紅茶のケーキ

ほうじ茶のケーキ

材料（直径15cmの丸型1台分、直径12cmの丸型2台分）

A ┌ 食塩不使用バター … 90g
　├ 牛乳 … 10g
　└ はちみつ … 10g
グラニュー糖 … 75g
卵白 … 2個分
卵黄 … 2個分
薄力粉 … 85g
ほうじ茶の葉（ティーバッグ）… 3袋（6g）

下準備

・型にオーブンペーパーを敷く。
・Aは合わせて電子レンジか湯煎にかけて溶かし、保温しておく（ボウルの底を湯に当てるなど）。
・オーブンを170℃に温める。

作り方

1　ボウルに卵白を入れ、グラニュー糖を3回に分けて加えながらハンドミキサーで泡立てて、ツノがスッと立ちその先端が少しおじぎするくらいのツヤのあるメレンゲを作る。

2　卵黄を加え、ハンドミキサーの羽根か泡立て器で手早く均一に混ぜる。

3　Aを3回に分けて加え、その都度手早く混ぜる。

4　薄力粉をふるい入れ、ほうじ茶の葉も加え、ゴムベラで底からすくい返すようにして手早くムラなく混ぜる。

5　型に入れ、菜箸かゴムベラでさっとならし、170℃のオーブンで焼く。

　＊15cm型1台…40分ほど、12cm型2台…25〜30分

紅茶のケーキ

ほうじ茶の葉を紅茶の葉（ティーバッグ）に変え、同様にして作る。

15cm

12cm

紅茶やほうじ茶の葉を加え、やさしくふくよかに広がる
お茶の香りを楽しむシンプルなケーキです。どちらの生
地もふんわり泡立てた生クリームを添えると幸福感が増
します。お茶の葉は、細かな状態で入っているティーバ
ッグがそのまま使えて便利です。大きな葉の場合はごく
細かく刻むか、すり鉢でするなどのひと手間を。

ちょっぴりビターな大人好みのコーヒー生地に、ローストしたくるみを混ぜ込みました。香ばしくカリッとしたくるみの味と食感が、コーヒーケーキを格上げします。くるみの下準備はポリ袋に入れてめん棒で叩くと簡単。手で割ったり包丁で粗く刻むとくるみの粉末が出にくくなります。お好みの方法で。

15㎝

コーヒーとくるみのケーキ
coffee & walnut cake

材料（直径15cmの丸型1台分、直径12cmの丸型2台分）

A ┌ 食塩不使用バター … 90g
  │ 牛乳 … 10g
  └ はちみつ … 10g
グラニュー糖 … 75g
卵白 … 2個分
卵黄 … 2個分
薄力粉 … 85g
インスタントコーヒー（粉末）… 6g
くるみ … 50g

下準備

・型にオーブンペーパーを敷く。
・くるみは160℃のオーブンで8分ほど空焼きして冷まし、粗く砕く。

・Aは合わせて電子レンジか湯煎にかけて溶かし、保温しておく（ボウルの底を湯に当てるなど）。
・オーブンを170℃に温める。

作り方

1 ボウルに卵白を入れ、グラニュー糖を3回に分けて加えながらハンドミキサーで泡立てて、ツノがスッと立ちその先端が少しおじぎするくらいのツヤのあるメレンゲを作る。

2 卵黄を加え、ハンドミキサーの羽根か泡立て器で手早く均一に混ぜる。

3 Aを3回に分けて加え、その都度手早く混ぜる。

4 薄力粉をふるい入れ、インスタントコーヒーとくるみも加え、ゴムベラで底からすくい返すようにして手早くムラなく混ぜる。

5 型に入れ、菜箸かゴムベラでさっとならし、170℃のオーブンで焼く。

　＊15cm型1台…40分ほど、12cm型2台…25〜30分

いちごのケーキ

strawberry cake

材料（直径15cmの丸型1台分、直径12cmの丸型2台分）

A ┌ 食塩不使用バター … 90g
　└ はちみつ … 10g
グラニュー糖 … 75g
卵白 … 2個分
卵黄 … 2個分
薄力粉 … 90g
いちご … 1/2パック（100g）
仕上げ用の粉砂糖
　（溶けにくいタイプ）… 適量

下準備

・型にオーブンペーパーを敷く。
・いちごはヘタを取って横に薄くスライスし、キッチンペーパーに取る。
・Aは合わせて電子レンジか湯煎にかけて溶かし、保温しておく（ボウルの底を湯に当てるなど）。
・オーブンを170℃に温める。

作り方

1 ボウルに卵白を入れ、グラニュー糖を3回に分けて加えながらハンドミキサーで泡立てて、ツノがスッと立ちその先端が少しおじぎするくらいのツヤのあるメレンゲを作る。

2 卵黄を加え、ハンドミキサーの羽根か泡立て器で手早く均一に混ぜる。

3 Aを3回に分けて加え、その都度手早く混ぜる。

4 薄力粉をふるい入れ、ゴムベラで底からすくい返すようにして手早くムラなく混ぜる。

5 型に入れて、菜箸かゴムベラでさっとならし、いちごをさし入れ、表面にものせて、170℃のオーブンで焼く。

　＊15cm型1台…170℃で30分→160℃に下げて20分ほど、12cm型2台…35分ほど

point

スライスしたいちごは生地の中にタテやナナメにして差し込む。

ケーキの表面にものせる。
＊いちごは焼くとちぢまる。

スライスしたフレッシュないちごをそのまま使うため、いちごの果汁が生地に移ってしっとり。表面が少し凹んで焼き上がる、そんな表情もどこか愛らしいお気に入りのレシピです。粉砂糖を薄っすらとかけるほか、ラムアイシング（P.70参照）を少し線描きして仕上げても美味。

12㎝

レモンのケーキ

lemon cake

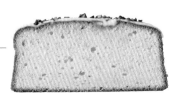

材料（直径15cmの丸型1台分、直径12cmの丸型2台分）

A ┌ 食塩不使用バター … 90g
 │ 牛乳 … 10g
 └ はちみつ … 10g
グラニュー糖 … 75g
卵白 … 2個分
卵黄 … 2個分
薄力粉 … 90g
レモンの表皮のすりおろし … 1個分

レモンアイシング

粉砂糖 … 70g
レモン果汁 … 約小さじ2

刻んだピスタチオナッツ … 適量

下準備

・型にオーブンペーパーを敷く。
・Aは合わせて電子レンジか湯煎にかけて溶かし、保温しておく（ボウルの底を湯に当てるなど）。
・オーブンを170℃に温める。

＊アイシングのレモン果汁は全量を一度に加えず、様子を見ながら少しずつ加えるのがポイント。緩すぎる場合は粉砂糖を、固すぎる場合はレモン果汁をごく少量ずつ加えて調節するとよい。

作り方

1 ボウルに卵白を入れ、グラニュー糖を3回に分けて加えながらハンドミキサーで泡立てて、ツノがスッと立ちその先端が少しおじぎするくらいのツヤのあるメレンゲを作る。

2 卵黄を加え、ハンドミキサーの羽根か泡立て器で手早く均一に混ぜる。

3 Aを3回に分けて加え、その都度手早く混ぜる。

4 薄力粉をふるい入れ、レモンの表皮も加え、ゴムベラで底からすくい返すようにして手早くムラなく混ぜる。

5 型に入れ、菜箸かゴムベラでさっとならし、170℃のオーブンで焼く。
＊15cm型1台…40分ほど、12cm型2台…25～30分

6 ケーキが冷めたらアイシングを作って、ケーキのトップを仕上げる（下記参照）。ピスタチオナッツを散らし、そのまま常温に置いて乾かす。

レモンアイシングを作って、ケーキを仕上げる

小さな容器に粉砂糖を入れ、レモン果汁を少しずつ加えてスプーンなどでなめらかに練り混ぜる。

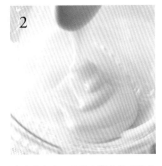

すくうとゆっくりと落ちるどろりとした状態がベスト。

ケーキにかけてスプーンの背で塗り広げる。

バターたっぷりの生地も、レモンのさわ
やかな香りをまとうことで途端に軽く感
じられるから不思議。シャリッとした歯
触りも魅力のレモンのアイシングを表面
全体にとろりと塗り広げ、オーソドック
スに仕上げます。アクセントに散らすピ
スタチオナッツはあってもなくても。

15cm

キウイのケーキ
kiwi cake

材料（直径15cmの丸型1台分、　直径12cmの丸型2台分）

A ［ 食塩不使用バター … 90g
　　 はちみつ … 10g
グラニュー糖 … 75g
卵白 … 2個分
卵黄 … 2個分
薄力粉 … 90g
キウイ … 2個

下準備

・型にオーブンペーパーを敷く。
・キウイは皮を剥いて横に薄くスライスし、キッチンペーパーに取る。
・Aは合わせて電子レンジか湯煎にかけて溶かし、保温しておく（ボウルの底を湯に当てるなど）。
・オーブンを170℃に温める。

作り方

1 ボウルに卵白を入れ、グラニュー糖を3回に分けて加えながらハンドミキサーで泡立てて、ツノがスッと立ちその先端が少しおじぎするくらいのツヤのあるメレンゲを作る。

2 卵黄を加え、ハンドミキサーの羽根か泡立て器で手早く均一に混ぜる。

3 Aを3回に分けて加え、その都度手早く混ぜる。

4 薄力粉をふるい入れ、ゴムベラで底からすくい返すようにして手早くムラなく混ぜる。

5 型に入れて、菜箸かゴムベラでさっとならし、キウイを差し入れる。表面にものせて、170℃のオーブンで焼く。

＊15cm型1台…170℃で30分→160℃に下げて25分ほど、12cm型2台…45分ほど

point

スライスしたキウイを生地の中にタテやナナメにして差し込む。

表面にものせる。

焼くことで味わいがぎゅっと凝縮され、きゅんと甘酸っぱくなったキウイが味わいのポイント。焼き菓子の素材にぴったりと惚れ込んでいます。オーブンペーパーはくしゃっと敷き込みラフなイメージに。気取らないこんなおやつを差し入れしたら、喜んでもらえること請け合いです。

12cm

12cm

きび砂糖のケーキ

cane sugar cake

材料（直径15cmの丸型1台分、直径12cmの丸型2台分）

A ┌ 食塩不使用バター … 90g
  │ 牛乳 … 10g
  └ はちみつ … 10g

きび砂糖 … 75g
卵白 … 2個分
卵黄 … 2個分
薄力粉 … 90g

ラムアイシング
粉砂糖 … 20g
ラム酒 … 約小さじ1

下準備

・型にオーブンペーパーを敷く。
・Aは合わせて電子レンジか湯煎にかけて溶かし、保温しておく（ボウルの底を湯に当てるなど）。
・オーブンを170℃に温める。

＊アイシングのラム酒は一度に全量を加えず、様子を見ながら少しずつ加えるのがポイント。緩すぎる場合は粉砂糖を、固すぎる場合はラム酒をごく少量ずつ加えて調節するとよい。

作り方

1 ボウルに卵白を入れ、きび砂糖を3回に分けて加えながらハンドミキサーで泡立てて、ツノがスッと立ちその先端が少しおじぎするくらいのツヤのあるメレンゲを作る。

2 卵黄を加え、ハンドミキサーの羽根か泡立て器で手早く均一に混ぜる。

3 Aを3回に分けて加え、その都度手早く混ぜる。

4 薄力粉をふるい入れ、ゴムベラで底からすくい返すようにして手早くムラなく混ぜる。

5 型に入れ、菜箸を回してならし、170℃のオーブンで焼く。

6 ケーキが冷めたらアイシングを作って、ケーキを仕上げる。下記参照
　＊15cm型1台…40分ほど、12cm型2台…25～30分

ラムアイシングを作って、ケーキを仕上げる

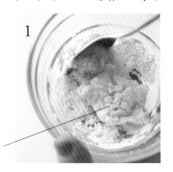

小さな容器に粉砂糖を入れ、ラム酒を少しずつ加えてスプーンなどでなめらかに練り混ぜる。

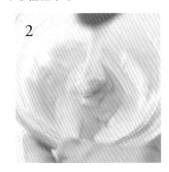

すくうとゆっくりと落ちるどろりとした状態がベスト。

スプーンの先からたらしてケーキの表面にかける。

そのまま常温に置いて乾かす。

58ページの「基本のプレーン」の配合で、グラニュー糖からきび砂糖へと砂糖の種類を変えるだけの簡単なバリエーションですが、生地の持つ甘さの質や量などが変わってきます。また、素朴な生地もラムアイシングをプラスするだけで味わいがガラリと変化します。そんな違いもおもしろく感じ取ってみてください。

15cm

15cm

皮ごとすりおろした生姜をたっぷり加えました。薬効を思わ
せるようなすっきりピリッとした生姜の風味、何も添えずに
このまま食べたい、懐かしさと和の趣きのあるケーキです。
きび砂糖に代えて、粉末の黒砂糖で作ってもおいしいですよ。

生姜のケーキ
ginger cake

材料（直径15cmの丸型1台分、
　　　直径12cmの丸型2台分）

A［ 食塩不使用バター … 90g
　　 はちみつ … 10g
きび砂糖 … 80g
卵白 … 2個分
卵黄 … 2個分
薄力粉 … 95g
生姜 … 30g

下準備

・型にオーブンペーパーを敷く。
・生姜はよく洗い、皮ごとすりおろす。

・Aは合わせて電子レンジか湯煎にか
　けて溶かし、保温しておく（ボウル
　の底を湯に当てるなど）。
・オーブンを170℃に温める。

作り方

1　ボウルに卵白を入れ、きび砂
　糖を3回に分けて加えながら
　ハンドミキサーで泡立てて、
　ツノがスッと立ちその先端が
　少しおじぎするくらいのツヤ
　のあるメレンゲを作る。

2　卵黄を加え、ハンドミキサー
　の羽根か泡立て器で手早く均
　一に混ぜる。

3　Aを3回に分けて加え、その
　都度手早く混ぜる。

4　薄力粉をふるい入れ、生姜の
　すりおろしも加え、ゴムベラ
　で底からすくい返すようにし
　て手早くムラなく混ぜる。

5　型に入れ、菜箸かゴムベラで
　さっとならし、170℃のオー
　ブンで焼く。

　＊15cm型1台…40〜45分、
　　12cm型2台…35分ほど

黒糖とざらめのケーキ
brown sugar & granulated sugar cake

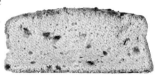

材料（直径15cmの丸型1台分、直径12cmの丸型2台分）

A ┌ 食塩不使用バター … 90g
  │ 牛乳 … 10g
  └ はちみつ … 5g

B ┌ 黒砂糖（粉末）… 50g
  └ きび砂糖 … 20g

卵白 … 2個分
卵黄 … 2個分
薄力粉 … 90g
ざらめ … 20g

トッピング用
黒糖、ざらめ … 各適量

下準備

・型にオーブンペーパーを敷く。
・Aは合わせて電子レンジか湯煎にかけて溶かし、保温しておく（ボウルの底を湯に当てるなど）。
・オーブンを170℃に温める。

作り方

1 ボウルに卵白を入れ、Bを3回に分けて加えながらハンドミキサーで泡立てて、ツノがスッと立ちその先端が少しおじぎするくらいのツヤのあるメレンゲを作る。

2 卵黄を加え、ハンドミキサーの羽根か泡立て器で手早く均一に混ぜる。

3 Aを3回に分けて加え、その都度手早く混ぜる。

4 薄力粉をふるい入れ、ゴムベラで底からすくい返すようにして手早くムラなく混ぜる。

5 ケーキ生地とざらめを交互に型に入れ、菜箸かゴムベラでさっとならして黒糖とざらめを散らす。170℃のオーブンで焼く。

＊15cm型1台…40分ほど、12cm型2台…30分ほど

point

ケーキ生地約1/3量、ざらめ約1/2量ずつ交互に型に入れていく。

≫

最後にケーキ生地をのせ菜箸でぐるっと軽く混ぜ、黒糖とざらめを散らす。

生地の中で溶けたり溶け残ったりするざらめの食感が
楽しいアクセント。黒砂糖にきび砂糖を合わせて風味
をマイルドにしていますが、味わいを強めたい場合は
黒砂糖だけで作ってももちろんOK。逆に、穏やかな
甘みでまとめたい時はきび砂糖だけでどうぞ。

15cm

ココナッツと
ホワイトチョコレートのケーキ

coconut & white chocolate cake

材料（直径15cmの丸型１台分、直径12cmの丸型２台分）

A ［ 食塩不使用バター … 90g
　　牛乳 … 10g
　　はちみつ … 10g ］
グラニュー糖 … 75g
卵白 … ２個分
卵黄 … ２個分
薄力粉 … 65g
ココナッツファイン … 40g

仕上げ用

コーティング用
　ホワイトチョコレート … 60g
ココナッツファイン … 適量

コーティング用とされているチョコレートは普通のチョコレートと違って扱いが簡単。テンパリングと呼ばれる温度調節が不要、溶かすだけできれいに固まる。

下準備

・型にオーブンペーパーを敷く。
・Aは合わせて電子レンジか湯煎にかけて溶かし、保温しておく（ボウルの底を湯に当てるなど）。
・オーブンを170℃に温める。

作り方

1 ボウルに卵白を入れ、グラニュー糖を３回に分けて加えながらハンドミキサーで泡立てて、ツノがスッと立ちその先端が少しおじぎするくらいのツヤのあるメレンゲを作る。

2 卵黄を加え、ハンドミキサーの羽根か泡立て器で手早く均一に混ぜる。

3 Aを３回に分けて加え、その都度手早く混ぜる。

4 薄力粉をふるい入れ、ココナッツファインも加え、ゴムベラで底からすくい返すようにして手早くムラなく混ぜる。

5 型に入れ、菜箸かゴムベラでさっとならし、170℃のオーブンで焼く。

＊15cm型１台…40〜45分、12cm型２台…30〜35分

6 ケーキが冷めたら、ホワイトチョコレートを細かく刻み、電子レンジか湯煎にかけて溶かす。ケーキにかけ、ココナッツファインをふって仕上げる。

point

溶かしたホワイトチョコレートをケーキにかけ、スプーンなどで塗り広げる。

ココナッツファインを一面にふる。

キューブ型のケーキ生地にチョコレートをコーティングしてココナッツをまぶしたオーストラリアのお菓子「ラミントン」。家庭で気軽に作れるように、丸型を使って簡単にアレンジしました。生地を2～3枚にスライスし、好みのジャムを挟むのもおすすめです。

15cm

15㎝

細かく砕いたマカダミアナッツ、シナモンパウダー、グラニュー糖を合わせたものを、生地にまだらに仕込んで焼き上げます。均一に混ぜ込まないことでリズムが生まれ、食べ飽きないおいしさになりますよ。マカダミアナッツのほか、くるみやピーナッツなどでも。

シナモンと
マカダミアナッツのケーキ

cinnamon & macadamia nut cake

材料（直径15cmの丸型1台分、
　　　直径12cmの丸型2台分）

A ┌ 食塩不使用バター … 90g
　├ 牛乳 … 10g
　└ はちみつ … 10g
グラニュー糖 … 75g
卵白 … 2個分
卵黄 … 2個分
薄力粉 … 90g

シナモンナッツシュガー

マカダミアナッツ … 40g
シナモンパウダー … 小さじ1
グラニュー糖 … 10g

下準備

- 型にオーブンペーパーを敷く。
- マカダミアナッツは160℃のオーブンで8分ほど空焼きして冷ます。
- Aは合わせて電子レンジか湯煎にかけて溶かし、保温しておく（ボウルの底を湯に当てるなど）。
- オーブンを170℃に温める。

作り方

1 マカダミアナッツは細かく砕き、シナモンパウダー、グラニュー糖と混ぜる。

2 ボウルに卵白を入れ、グラニュー糖を3回に分けて加えながらハンドミキサーで泡立てて、ツノがスッと立ちその先端が少しおじぎするくらいのツヤのあるメレンゲを作る。

3 卵黄を加え、ハンドミキサーの羽根か泡立て器で手早く均一に混ぜる。Aを3回に分けて加え、その都度手早く混ぜる。

4 薄力粉をふるい入れ、ゴムベラで底からすくい返すようにして手早くムラなく混ぜる。

5 ケーキ生地と**1**（トッピング用に一部残す）を交互に型に入れ、菜箸を軽く回してならす。残りの**1**を表面に散らし、170℃のオーブンで焼く。

　＊15cm型1台…40分ほど、12cm型2台…30分ほど

point

ケーキ生地は約1/3量ずつ、マカダミアナッツは1/2量ずつ交互に型に入れる。

最後のケーキ生地を入れたら、菜箸で軽くならす。その後、残りのナッツを散らす。

りんごのアップサイドダウンケーキ

apple upside down cake

材料（直径15cmの丸型1台分、直径12cmの丸型2台分）

- A
  - 食塩不使用バター … 90g
  - 牛乳 … 10g
  - はちみつ … 10g
- グラニュー糖 … 75g
- 卵白 … 2個分
- 卵黄 … 2個分
- 薄力粉 … 90g
- りんご … 1個
- B
  - ブラウンシュガー … 30g
  - 食塩不使用バター…10g
  - レモン果汁…小さじ1

下準備

・型にオーブンペーパーを敷く。

＊1枚をくしゃっと敷き込む。

作り方

1. りんごは皮と芯を除き、3〜5mmの薄切りにする。Bとともにフライパンで炒め、型の底一面に並べる（下記参照）。Aは合わせて電子レンジか湯煎にかけて溶かし、保温しておく（ボウルの底を湯に当てるなど）。オーブンを170℃に温める。

2. ボウルに卵白を入れ、グラニュー糖を3回に分けて加えながらハンドミキサーで泡立てて、ツノがスッと立ちその先端が少しおじぎするくらいのツヤのあるメレンゲを作る。

3. 卵黄を加え、ハンドミキサーの羽根か泡立て器で手早く均一に混ぜる。

4. Aを3回に分けて加え、その都度手早く混ぜる。

5. 薄力粉をふるい入れ、ゴムベラで底からすくい返すようにして手早くムラなく混ぜる。

6. 1の型に入れて表面をならし、170℃のオーブンで焼く。型のまま冷ます。冷めたらオーブンペーパーごと引き上げて型から出す。

   ＊15cm型1台…45分ほど、12cm型2台…35分ほど

りんごを炒める

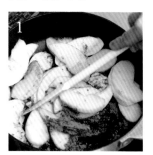

フライパンにりんごとBを入れ、中火でやさしく炒める。

りんごがしんなりしたら火を止め、そのまま粗熱を取る。

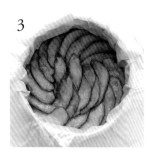

型の底一面に並べる。

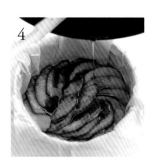

汁気が残っていればそれも回しかける。

hint

15cm型で生地だけ半量にして焼くと、りんご部分のボリュームがたっぷりのケーキになります。その場合、180℃で30分ほどを目安に。

15cm

12cm

アップサイドダウンケーキとは、焼き上がったケーキをひっくり返し、底側を上にして出来上がりとなる逆さまケーキのこと。ブラウンシュガーで甘く火を通したりんごを底一面に敷き詰めるのがおいしさのポイント。オーブンシートは切り込みを入れずにクシャッと敷き込めば、型出しも楽々。

抹茶と
練乳クリームのケーキ
matcha & condensed milk cream cake

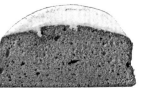

材料（直径15cmの丸型1台分、直径12cmの丸型2台分）

A
- 食塩不使用バター … 45g
- 植物油 … 40g
- 牛乳 … 10g
- はちみつ … 10g

グラニュー糖 … 75g
卵白 … 2個分
卵黄 … 2個分
薄力粉 … 80g
抹茶パウダー … 8g

練乳クリーム用
生クリーム … 120g
コンデンスミルク … 15g
仕上げ用の抹茶パウダー … 適量

下準備

- 型にオーブンペーパーを敷く。
- Aは合わせて電子レンジか湯煎にかけて溶かし、保温しておく（ボウルの底を湯に当てるなど）。
- オーブンを170℃に温める。

作り方

1 ボウルに卵白を入れ、グラニュー糖を3回に分けて加えながらハンドミキサーで泡立てて、ツノがスッと立ちその先端が少しおじぎするくらいのツヤのあるメレンゲを作る。

2 卵黄を加え、ハンドミキサーの羽根か泡立て器で手早く均一に混ぜる。

3 Aを3回に分けて加え、その都度手早く混ぜる。

4 薄力粉と抹茶パウダーを合わせてふるい入れ、ゴムベラで底からすくい返すようにして手早くムラなく混ぜる。

5 型に入れ、菜箸かゴムベラでさっとならし、170℃のオーブンで焼く。

＊15cm型1台…40分ほど、12cm型2台…25〜30分

6 ケーキが冷めたら練乳クリームを作る。別のボウルに生クリームとコンデンスミルクを入れて、ハンドミキサーで8〜9分立て程度に泡立てる。ケーキの表面にのせ、抹茶をふって仕上げる。

point

練乳クリームは、パレットナイフやゴムベラなどでケーキの表面にこんもりとドーム状にのせる。

茶こしを通して抹茶をふると、美しい仕上がりになる。

抹茶をふりかけたミルキーな
クリームがほろ苦い抹茶生地
になじみ、上品な抹茶ラテを
思わせるハーモニーを奏でま
す。油脂がバターだけの場合、
冷蔵庫に入れると生地がギュ
ッと締まるため、固くなりす
ぎないよう植物油を合わせて
作りました。

15㎝

大人にも子どもにも人気の高い、カスタードクリームをはさんだケーキ。カスタードクリームは電子レンジで作るからとても簡単です。もしあれば、バニラビーンズの種やバニラオイルなどを、牛乳や生クリームと同じタイミングで加えると、香り高くなります。

15cm

カスタードクリームサンドケーキ

custard cream sand cake

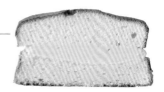

材料（直径15cmの丸型1台分、直径12cmの丸型2台分）

A ┌ 食塩不使用バター … 45g
  │ 植物油 … 40g
  │ 牛乳 … 10g
  └ はちみつ … 10g
きび砂糖 … 75g
卵白 … 2個分
卵黄 … 2個分
薄力粉 … 85g

カスタードクリーム

卵黄 … 1個

B ┌ きび砂糖 … 25g
  │ コーンスターチ … 5g
  │ 牛乳 … 50g
  └ 生クリーム … 50g

下準備

・型にオーブンペーパーを敷く。
・Aは合わせて電子レンジか湯煎にかけて溶かし、保温しておく（ボウルの底を湯に当てるなど）。
・オーブンを170℃に温める。

作り方

1 ボウルに卵白を入れ、きび砂糖を3回に分けて加えながらハンドミキサーで泡立てて、ツノがスッと立ちその先端が少しおじぎするくらいのツヤのあるメレンゲを作る。

2 卵黄を加え、ハンドミキサーの羽根か泡立て器で手早く均一に混ぜる。Aを3回に分けて加え、その都度手早く混ぜる。

3 薄力粉をふるい入れ、ゴムベラで底からすくい返すようにして手早くムラなく混ぜる。

4 型に入れ、菜箸かゴムベラでさっとならし、170℃のオーブンで焼く。

　＊15cm型1台…40分ほど、12cm型2台…25〜30分

5 カスタードクリームを作る（下記参照）。

6 冷めたケーキを横2等分し、5を塗り広げてサンドする。

電子レンジでカスタードクリームを作る

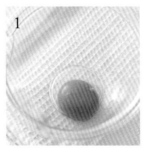

1

電子レンジOKのボウルに卵黄を入れて泡立て器でほぐし、Bの材料を順に加えて、その都度よく混ぜる。
※小さめの泡立て器があると便利。

2

ラップをかけず、電子レンジで2〜2分30秒ほど加熱して（ダマにならないように、時々取り出して混ぜる）、とろりとしたクリーム状にする。

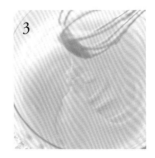

3

ボウルの底を氷水に当てて混ぜながら冷ます。

15cm

イギリスの銘菓、女王陛下のお気に入り。本来は、いわゆるカトルカール（粉、バター、卵、砂糖が同割）と呼ばれるやや重めの生地で、型を2台使って2枚焼き組み立てるのだそうですが、ここではふんわり軽めの生地をスライスしてジャムとクリームをサンドしました。

ビクトリアサンドケーキ

victoria sand cake

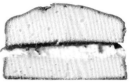

材料（直径15cmの丸型１台分、直径12cmの丸型２台分）

A
- 食塩不使用バター … 45g
- 植物油 … 40g
- 牛乳 … 10g
- はちみつ … 10g

グラニュー糖 … 75g
卵白 … ２個分
卵黄 … ２個分
薄力粉 … 90g

サンド用

生クリーム … 100g
好みのジャム、
粉砂糖（溶けにくいタイプ）… 各適量

下準備

- 型にオーブンペーパーを敷く。
- Aは合わせて電子レンジか湯煎にかけて溶かし、保温しておく（ボウルの底を湯に当てるなど）。
- オーブンを170℃に温める。

作り方

1 ボウルに卵白を入れ、グラニュー糖を３回に分けて加えながらハンドミキサーで泡立てて、ツノがスッと立ちその先端が少しおじぎするくらいのツヤのあるメレンゲを作る。

2 卵黄を加え、ハンドミキサーの羽根か泡立て器で手早く均一に混ぜる。Aを３回に分けて加え、その都度手早く混ぜる。

3 薄力粉をふるい入れ、ゴムベラで底からすくい返すようにして手早くムラなく混ぜる。

4 型に入れ、菜箸かゴムベラでさっとならし、170℃のオーブンで焼く。

　＊15cm型１台…40分ほど、12cm型２台…25〜30分

5 別のボウルに生クリームを入れ、ハンドミキサーで8〜9分立て程度に泡立てる。

6 冷めたケーキを横２等分し、5とジャムを塗り広げてサンドする（下記参照）。茶こしなどで粉砂糖をふって仕上げる。

生クリームとジャムをサンドする

ケーキを横２等分する。

5を塗り広げる。

＊生クリームとジャムはどちらが上になってもかまいません。お好みで。

ジャムを生クリームの上に落として、スプーンの背で優しく広げる。

上部のケーキ生地をのせる。

あんこバターサンドケーキ

red bean paste butter cake

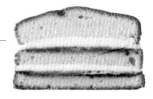

材料（直径15cmの丸型1台分、 直径12cmの丸型2台分）

A ┌ 食塩不使用バター … 45g
 │ 植物油 … 40g
 │ 牛乳 … 10g
 └ はちみつ … 10g
きび砂糖 … 70g
卵白 … 2個分
卵黄 … 2個分
薄力粉 … 90g

サンド用
食塩不使用バター … 120g
塩 … 適量
こし餡 … 120g

下準備

・型にオーブンペーパーを敷く。
・Aは合わせて電子レンジか湯煎に
 かけて溶かし、保温しておく（ボ
 ウルの底を湯に当てるなど）。
・オーブンを170℃に温める。

スライサー補助具があれ
ば、ケーキを均等な厚み
に切り分けられます。
100円ショップでも購入
できます。もちろん、フ
リーハンドでスライスし
ても大丈夫です。

作り方

1 ボウルに卵白を入れ、きび砂糖を3回に分けて加えながらハンドミキサーで泡立てて、ツノがスッと立ちその先端が少しおじぎするくらいのツヤのあるメレンゲを作る。

2 卵黄を加え、ハンドミキサーの羽根か泡立て器で手早く均一に混ぜる。Aを3回に分けて加え、その都度手早く混ぜる。

3 薄力粉をふるい入れ、ゴムベラで底からすくい返すようにして手早くムラなく混ぜる。

4 型に入れ、菜箸かゴムベラでさっとならし、170℃のオーブンで焼く。
 ＊15cm型1台…40分ほど、12cm型2台…25〜30分

5 サンド用の食塩不使用バターは室温に戻すか電子レンジにかけて柔らかくし、塩を混ぜる。こし餡も塗りやすいよう室温に戻す。ケーキを横3等分し、バターとこし餡を塗り広げてサンドする（下記参照）。

バターとこし餡をサンドする

好みの高さにナイフをセットしてケーキを3等分にスライスする。

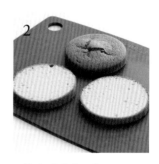

スライスしたところ。

やわらかく戻したこし餡を塗り、その上にやわらかく戻したバターを落とす。

＊バターとこし餡はどちらが上になってもかまいません。お好みで。

バターを塗り広げたら、3段に重ねる。

12㎝

バターは有塩ではなく食塩不使用
に塩を適量混ぜて使うのがポイン
ト。好みの加減に調整できるうえ、
少し溶け残った塩を舌で感じられ
るのがまたおいしいのです。あん
こは粒餡でもいいし、白餡、抹茶
や桜餡など季節のあんこでも試し
てみてください。

フルーツケーキ／ オレンジケーキ

fruits cake / orange cake

フルーツケーキ

オレンジケーキ

フルーツケーキ

材料（直径15cmの丸型1台分、
　　　直径12cmの丸型2台分）

A ┌ 食塩不使用バター … 90g
　├ 牛乳 … 10g
　└ はちみつ … 10g
グラニュー糖 … 70g
卵白 … 2個分
卵黄 … 2個分
薄力粉 … 70g
アーモンドパウダー … 30g
ミックスフルーツ
　（市販の砂糖漬け）… 80g
　うめはらのミックスフルーツを使用。

下準備

・型にオーブンペーパーを敷く。
・Aは合わせて電子レンジか湯煎に
　かけて溶かし、保温しておく（ボ
　ウルの底を湯に当てるなど）。
・オーブンを170℃に温める。

作り方

1 ボウルに卵白を入れ、グラニュー糖
　を3回に分けて加えながらハンドミ
　キサーで泡立てて、ツノがスッと立
　ちその先端が少しおじぎするくらい
　のツヤのあるメレンゲを作る。

2 卵黄を加え、ハンドミキサーの羽根
　か泡立て器で手早く均一に混ぜる。

3 Aを3回に分けて加え、その都度手
　早く混ぜる。

4 薄力粉とアーモンドパウダーを合わ
　せてふるい入れ、ミックスフルーツ
　も加え、ゴムベラで底からすくい返
　すようにして手早くムラなく混ぜる。

5 型に入れ、菜箸かゴムベラでさっと
　ならし、170℃のオーブンで焼く。

　＊15cm型1台…45〜50分、12cm
　型2台…35分ほど

オレンジケーキ

ミックスフルーツを市販のオレンジスライス
に置き換え、同様にして作る。ここでは、う
めはらのオレンジスライスを使用。

大きくて重みのあるフルー
ツは下のほうに沈むのです
が、その佇まいもまたよい
なと感じます。沈ませず全
体に散らしたい場合は細か
く刻んで使ってみてくださ
い。フルーツケーキにはラ
ム酒を、オレンジケーキに
はオレンジのリキュールを、
焼き上がってすぐ表面にハ
ケで適量しみ込ませると、
より一層香り高く仕上がり
ます。

12㎝

12㎝

カレンズとは、ごく小粒なレーズンのこと。大きなレーズンを刻んで使うのとはまた違ったおいしさがあります。小さく刻んで扱うチョコレートはビターでもミルクでもお好みのタイプで。断面はカレンズもチョコレートも同じように見えますが、食べてみると実は2種類の具材が入っているというおもしろいケーキです。カレンズがなければ普通サイズのレーズンでどうぞ。

12cm

ラムカレンズと 刻みチョコのケーキ

lamb karens &
chopped chocolate cake

12cm

材料（直径15cmの丸型1台分、
　　　直径12cmの丸型2台分）

A ┌ 食塩不使用バター … 90g
　├ 牛乳 … 10g
　└ はちみつ … 10g
グラニュー糖 … 75g
卵白 … 2個分
卵黄 … 2個分
薄力粉 … 70g
アーモンドパウダー … 30g
カレンズ … 40g
ラム酒 … 20g
板チョコレート … 1枚（50g）

下準備

・型にオーブンペーパーを敷く。
・Aは合わせて電子レンジか湯
　煎にかけて溶かし、保温して
　おく（ボウルの底を湯に当て
　るなど）。
・オーブンを170℃に温める。

作り方

1　電子レンジOKの容器にカレンズとラム酒を入れて混ぜ、電
　　子レンジに60秒ほどかける。そのままおいて冷ます（時々
　　混ぜる）。板チョコレートは細かく刻み、使うまで冷蔵庫に
　　入れておく。

2　ボウルに卵白を入れ、グラニュー糖を3回に分けて加えなが
　　らハンドミキサーで泡立てて、ツノがスッと立ちその先端が
　　少しおじぎするくらいのツヤのあるメレンゲを作る。

3　卵黄を加え、ハンドミキサーの羽根か泡立て器で手早く均一
　　に混ぜる。Aを3回に分けて加え、その都度手早く混ぜる。

4　薄力粉とアーモンドパウダーを合わせてふるい入れ、1も加
　　え、ゴムベラで底からすくい返すようにして手早くムラなく
　　混ぜる。

5　型に入れ、菜箸かゴムベラでさっとならし、170℃のオーブ
　　ンで焼く。

　　＊15cm型1台…45分ほど、12cm型2台…35分ほど

チョコレートマーブルの
ケーキ
chocolate marble cake

材料（直径15cmの丸型1台分、
直径12cmの丸型2台分）

A ┌ 食塩不使用バター … 90g
  │ 牛乳 … 10g
  └ はちみつ … 10g
グラニュー糖 … 75g
卵白 … 2個分
卵黄 … 2個分
薄力粉 … 60g
アーモンドパウダー … 40g
製菓用チョコレート … 50g

下準備

・型にオーブンペーパーを敷く。
・製菓用チョコレートは細かく刻み、
　電子レンジか湯煎にかけて溶かす。
・Aは合わせて電子レンジか湯煎に
　かけて溶かし、保温しておく（ボ
　ウルの底を湯に当てるなど）。
・オーブンを170℃に温める。

作り方

1 ボウルに卵白を入れ、グラニュー糖を3回に分けて加えながらハンドミキサーで泡立てて、ツノがスッと立ちその先端が少しおじぎするくらいのツヤのあるメレンゲを作る。

2 卵黄を加え、ハンドミキサーの羽根か泡立て器で手早く均一に混ぜる。

3 Aを3回に分けて加え、その都度手早く混ぜる。

4 薄力粉とアーモンドパウダーを合わせてふるい入れ、ゴムベラで底からすくい返すようにして手早くムラなく混ぜる。

5 4に溶かしたチョコレートを加え、軽く混ぜて型に入れる。菜箸を軽く回してならし、170℃のオーブンで焼く（下記参照）。

　＊15cm型1台…40〜45分、12cm型2台…30〜35分

チョコのマーブル模様を作る

4の生地に溶かしたチョコレートを加える。

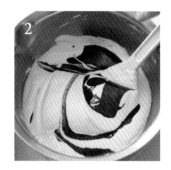

ゴムベラで1〜2度軽く混ぜる。ここで混ぜすぎないようにする。

型に入れる。

菜箸を軽く回してならす。

アーモンドパウダーをたっぷり配合した味わい深くやわらかな生地に、溶かしたチョコレートをあっさりと混ぜ込みマーブル模様にしました。15cmで大きく焼くと存在感たっぷりで、お茶の時間のテーブルに映えます。12cmで小さく焼くと、エレガントとキュートが共存する贈り物にもぴったりなお菓子になりますよ。

15cm

稲田多佳子 いなだたかこ

菓子・料理研究家。お菓子とお料理の教室「T's oven」をリアルとオンラインで主宰。家庭のキッチンで作りやすく再現しやすいレシピを数々提案。ジャンルはお菓子からおかず、おつまみ、お弁当まで幅広く、SNS、書籍、TV、新聞など様々な媒体から発信している。1冊目の本、2004年の『ほんとうに作りやすい焼き菓子レシピ』(主婦と生活社)以来、著書多数。日本茶インストラクター、ティーアドバイザー。

【Web site】 https://www.tsoven-kyoto.com
【Instagram】takakocaramel

STAFF

調理アシスタント／若宮 愛、古川晃子
撮影／石川奈都子
デザイン／中山詳子(松本中山事務所)
校正／夢の本棚社
企画編集／望月久美子(日東書院本社)
撮影協力／UTUWA

2サイズの丸型で焼ける
しっとりケーキとふんわりケーキ

2023年9月20日　初版第1刷発行
2023年10月20日　初版第2刷発行

著者　　稲田多佳子
発行者　廣瀬和二
発行所　株式会社日東書院本社
　　　　〒113-0033　東京都文京区本郷1丁目33番13号 春日町ビル5F
　　　　TEL：03-5931-5930（代表）
　　　　FAX：03-6386-3087（販売部）
　　　　URL：http://www.TG-NET.co.jp
印刷・製本所　図書印刷株式会社